AF484150

INTENSIDAD

ANTONELLA MARCHESE

INTENSIDAD

Asia
Ediciones

Marchese, Maria Antonella

   Intensidad / Maria Antonella Marchese. - 1a ed . - Monteros : Silvana Juarez, 2020.

   114 p. ; 22 x 14 cm.

   ISBN 978-987-86-3449-4

   1. Autoconocimiento. I. Título.

   CDD 158.1

Diseño: Asia Ediciones

www.asiaediciones.com

Diseño de portada: Lauria

antomarchese88@gmail.com

Instagram: @anto_marchese

A Fernando mi compañero incondicional.

A mamá y papá que me regalaron una vida plena, llena de posibilidades.

A mis hermanos con los que comparto mi vida y aprendizajes.

"El valor de las cosas no está en el tiempo que duran sino en la intensidad con que suceden.

Por eso existen momentos inolvidables, cosas inexplicables y personas incomparables".

Fernando Pessoa

REFLEXIONES EN MONEDAS

Me gustan las películas que se pueden resumir en frases

Cuando las emociones se van y todo se calma, suelo buscar el aprendizaje en cada situación, eso que me queda y me transforma. Sin pretender explicaciones apresuradas contacto con lo que me hace sentir.

Cada persona con la que conecto me muestra su historia a través de su mirada. Siento como si pudiera leerlos, como si estuviera viendo una película en sus ojos.

Al final me pregunto ¿Qué aprendiste de todo esto? Buscando esa frase clave. Con el tiempo la encuentro y logro adaptarla a mi vida, voy construyendo reacciones intelectuales y creativas. Las recibo como si alguien me estuviera dictando las respuestas del próximo examen. Y al cabo de un suspiro revelador, el universo se encarga de tomarme la prueba.

Veo a las reflexiones como monedas que guardo en los bolsillos de mi memoria. Así puedo usarlas cuando las necesito. Como un déjá vu que me recuerda lo que podría manifestar. Es una buena manera que encontré para seguir pretendiendo "tener el control", buscando evitar sumergirme en la ola de experiencias, en esa lluvia de balas de juicios ajenos.

Hay monedas que todavía no he usado y me tranquilizan. El Conocimiento es como un escudo que me ayuda a sobrevivir y que puede resolver las ecuaciones mentales que me atormentan.

Aquí están mis monedas, a cada una le puse un nombre y podrás almacenarlas en alguna parte de tu mente escondida. Al recibirlas quizás logres identificarlas con alguna parte de tu vida. Recordarás rostros, sueños y situaciones. Úsalas cuando las necesites. Así como yo uso las monedas propias y ajenas, tú puedes usar las mías. Al fin y al cabo no son de nadie, no tienen dueño, como el dinero que va y viene por la vida.

Con el tiempo comprendí que por más de que me cuenten cuentos con hermosas moralejas, si no lo vivo, si no las aplico y/o adapto a mi vida, no me sirven de nada.

Ponle caras a mis palabras y no las leas por leer, sino habré escrito en vano.

Busca emoción en tu mirada y en tus gestos al pasar cada renglón, porque no escribo solo para que entiendas, lo hago desde el sentir.

Mi Libro es una puerta al autoconocimiento a través de la reflexión. Como un espejo mágico que te muestra lo que usualmente no puedes ver.

VOLVER

Supongamos que todo ya está escrito e inventado y que nuestros pensamientos son solo residuos de información que quedan en el Ether.

Todo deja de tener importancia cuando las líneas resuenan con las personas que las leen. Tu género y a lo que sea que te dediques comenzará a desintegrarse en cada reglón cuando te animes a navegar en profundidades del mundo de las letras y su energía.

No sé si a este libro lo estoy creando o simplemente soy un canal disponible, solo me dejaré llevar.

Palabras que crean diálogos y relatos sin orden cronológico, sin límites de tiempo y sin estructura. A todo lo que surja lo observaré, interpretaré y amaré como creo que es, sin querer cambiarlo, tratando de congelarlo en el papel.

¿Será mi mente o la mente de todos?

Me gusta creer que todo es interpretación, que las palabras a veces nos confunden y nos alejan de contactar con el presente, será por eso que me gustan tanto. Poder crear realidades que solo existen en nosotros, poder generar emociones, y pensamientos que te llevan hacia mundos internos.

Aunque considero que siempre es imprescindible volver.

VOLVER, estar en este aquí y ahora, sin querer evitar y observar todo tal y como es.

INSATISFACCIÓN

¿Qué es "eso" que tanto buscamos?

¿Es lo que estoy buscando lo que tengo que encontrar?

Te ves en ese estado, sin saber cuál es el deseo que no se colmó. Te paras frente al espejo después de unos años de ir tras tus metas y te das cuenta que ya las conseguiste, pero tu mente te susurra que hay algo más que aún no lograste. Sin estar seguro de saber que es sales corriendo a buscarlo, pues si no lo haces, "desaparecerá".

Cuando la mente revolotea produciendo ruido y mucha ansiedad, siempre es mejor VOLVER. Volver al presente, abrazar lo que conseguimos, emocionarnos, reírnos, enojarnos, llorar y bailar ¡Cuando se nos dé la gana!

¿Y si "eso" nunca llega? ¿Si nunca logramos saber qué es? ¿Ese malestar que nos impulsa a creer que está en el futuro nunca se irá? ¿Llegará la muerte y nos llevará? ¿La muerte era lo que buscamos? Vamos tras ella, es inevitable. Cuanto más veloces nos convertimos, más rápido llega el final y la encontramos. Y luego miramos atrás, ya no queda nada, eso que estaba ahí, ya no está. Vemos los recuerdos en el corazón. ¿Todo fue una ilusión?

Recordaremos la vida en segundos quizás, todos nuestros presentes acumulados, aquellos que no supimos aprovechar por estar buscando esos deseos camuflados. Deseos que se cumplen a su tiempo y no los notamos, ni disfrutamos y a veces ni necesitamos.

Siempre es mejor VOLVER, volver al presente, abraza lo que estés viviendo en este momento, nunca más se repetirá ¿Que te enoja? ¿Las cosas no salen como las planeas? ¿Eres feliz? ¿Las personas a tu alrededor se tienen que amoldar a tus deseos? ¿Tienen que ser lo que esperas de ellas? ¿Tienen que obedecer tus deseos? ¿Tienes que tener todos los detalles bajo control para que salga perfecto?.

Nada está bajo control, es la danza de la vida, seguro ya conseguiste lo que mereces y lo niegas por querer más.

No digo que dejes de buscar, ni mucho menos que dejes de querer, eso te mueve. Solo déjate "SER" por unos instantes, si miras hacia atrás verás lo mucho que conseguiste y eso es importante.

CONFUSIÓN

¿Saber realmente lo que estás necesitando ahora?

Ella se ve enojada, intolerante, como si fuera que no es libre para elegir realmente lo que quiere. Ella no distingue entre las necesidades de su alma de las necesidades del entorno. Cuando verdaderamente identifique lo que quiere, ¿Se podrá hacer responsable?

La intolerancia pone distancia, nos mueve a observar lo que sucede, llega para que dejemos de distraernos en acciones que no van a ninguna parte.

Cuando ayudamos, le quitamos la creatividad al otro y con ella su poder, sobre todo, si ayudamos sin pedir permiso o sin preguntar desde el corazón: ¿Que estás necesitando verdaderamente? No lo sabemos. Ni nos animamos a hacernos a nosotros mismos esa misma pregunta.

Perdemos energía cuando la persona está cerrada y es su derecho estarlo. Como también el nuestro.

La intolerancia, es el marcador de la inconsciencia en la administración de nuestra energía. Nos bloqueamos por no tener las herramientas para avanzar, no es el momento, o no es parte de nuestro camino. La intolerancia viene a romper patrones de querer quedar bien con el otro, nos viene a conectar con la fuente y con nuestro instinto.

Ella comienza a escuchar esos límites invisibles con atención, comienza a resonar en lo profundo con ellos, aunque su mente no comprende, su SER absorbe toda la información y la lleva hacia su corazón.

Ella no quiere ser una persona que se enoja para manipular, quiere ser sincera, franca, coherente, animarse a expresar lo que siente sin miedo al rechazo y no quiere ser complaciente con el entorno, ni dejar que la lleven de las narices. Ella quiere el equilibrio, decir SÍ cuando quiere decir SÍ y decir NO, cuando quiere decir NO, sin necesidad de explicaciones excesivas, tomarse el tiempo para conectar con lo que necesita, elegir esa u otra opción, registrar su cuerpo y su respiración.

Ella pretende colocar algún límite sano cuando la situación lo precisa. Quiere hacerse responsable de sí misma y decidir libremente. Ser directa y frontal con lo que le pasa, además explorar nuevas formas de expresarse sin mentir, ni mentirse. Prestar atención cuando ofrece su ayuda. No quiere imponer. Ella cree que cada persona está en su proceso y cada quien es responsable de su camino.

Su cabeza la atormenta con preguntas mientras va encontrando las respuestas en la experiencia:

- No sé en qué creer!

- Cree en ti, en tu confusión. Ella viene para decirte muchas cosas, a conectarte con tu voz interior y viene para quedarse.

- ¿Quedarse?

- Si, quedarse. Hasta que no busques más respuestas. Hasta que comiences a vivir con todos tus sentidos. Hasta que vivas sin cuestionar a la naturaleza. Hasta que aceptes que lo que existe es el infinito "Ahora" y aprendas a fluir de manera consciente.

- ¿Como lo hago?

- Nadie te puede decir qué hacer ni cómo hacerlo. Busca tus formas escuchándote. Emprende tus caminos. Confía en tu voz interior.

Si todavía no fuiste a explorar en ti, estás a tiempo. Obsérvate. Cultiva la calma, deja que el amor te atraviese por completo y verás la inmensidad florecer en ti.

EXPECTATIVAS

Sufrimos porque esperamos

¿Qué esperamos?

Esperamos que las cosas sean de una manera. Que las personas actúen como nosotros lo haríamos. Hasta esperamos cosas de nosotros mismos y cuando no cumplimos nos castigamos. Esperamos todo eso, en vez de aceptar lo que pasa. Las circunstancias, las personas como son, aceptarnos como estamos siendo, perdonarnos, aprender de cada momento y continuar.

Nos resistimos al dolor, a las emociones con "mala fama"; el enojo, la tristeza, la vergüenza, la culpa, el miedo. No logramos ver para qué están. Nos dejamos llevar sin comprenderlas o simplemente huimos de ellas. Nos cuesta escucharlas, separarlas del cuerpo para observarlas y luego integrarlas.

Aprender a observar desde la perspectiva amplia del silencio, del sentir sin mente y vibrando con la sintonía del alma. Sin esperar comprender, danzando en el dar y el recibir mientras creamos.

Y escuchar esto: No soy lo que tú imaginas, soy un misterio. Solo podrás conocerme si contactas conmigo. Tal vez puedas verme en mis acciones, más no en las interpretaciones que hagas de ellas. No soy lo que quieres que sea y nunca lo seré. Soy lo que elijo ser a cada instante y eso no tiene que ver contigo, tiene que ver conmigo. Si quieres conocerme libérate de las expectativas, de las interpretaciones y etiquetas que me colocaste. Me aceptarás o no. No trataré de que lo hagas, pues no eres lo que yo quiero que seas, ni lo serás. Eres las acciones que eliges a cada instante, no las que yo interpreto.

Solo podré conocerte si me libero. Tú eres un misterio.

Ella está aprendiendo a aceptar mientras se expresa, a ser fiel a sus convicciones sin temer el rechazo, a amar y perdonar soltando el resentimiento, a dejar volar la culpa y a elegir su integridad por sobre todas las cosas. Prueba y error, tropiezos y saltos, emociones que la derrumban y otras que la llenan de placer.

Aprender animándose a lo nuevo sin juzgarse ni presionar. Evitando exigirse y auto boicotearse. Sin darle lugar al ego, trabajo a veces muy difícil de realizar.

Desafiar los miedos e ir hacia lo desconocido.

El camino parece largo. No sabe cuánto tiempo más estará para disfrutarlo y cuando piensa eso comienza a vivirlo intensamente, sonriendo sin motivos, simplemente estando, existiendo.

Algunos dicen que es valentía, otros lo etiquetan como egoísmo. Yo le llamo amor propio. De todas las relaciones, está poniendo más atención a la que establece con ella misma. Al fin y al cabo es con quien convive todos los días.

Se siente en armonía el tiempo que dura el espacio entre un torbellino y otro, que la empujan hacia el siguiente paso. Perder esa armonía por crecer es parte del camino hacia el equilibrio.

¿QUIEN ERES?

PRESENTE

En este momento te estás despidiendo de quien ya no eres porque a cada segundo te reinventas. Tú eliges quien quieres ser en este instante.

Elijo creer lo que quiero creer y no existe más que eso en la realidad que voy construyendo.

-¿Cuántas veces voy a empezar de cero?

- Las veces que sean necesarias para aprender a vivir.

Cada día empezamos de cero, solo que no lo sabemos.

Escribo lo que pienso y siento lo que digo. Al escribir las palabras se intensifican. Aquí estoy y aquí estaré hasta que no esté más. Aquí en este momento que ya se fue.

¿Qué es el presente?

Cuando logro verlo ya no está. Se transforma continuamente. Ahí está otra vez convirtiéndose en pasado. Hay que estar atentos para poder vivirlo. El pasado es ilusión, el presente es lo que es y el futuro es el hoy del ayer. No hay tiempo. El tiempo se perdió esperando que tú puedas realizar cambios en tu interior. Mientras tanto no hago nada.

REFLEJOS

Si te ocupas de ti y yo de mí, no habría lugar para la comparación. Veo en ti mi propia procrastinación.

La imagen que tienes de mí, no soy "yo". Es tu ser reflejado. Cuando me miro en el espejo me veo. Cuando te miro me vuelvo a ver. Me reflejas incondicionalmente mi luz y mi sombra. Tú eres mi maestro. Me muestras las cosas que niego. Sigo peleando con mis ganas de que veas lo que yo veo. Me inclino bajando mis barreras para recibir lo que estás experimentando. Solo así podré contemplarte y percibir lo que vienes a mostrarme.

Hace tiempo que siento paz ¿Será que ya me perdoné? ¿Será que ya te perdoné? Gracias fiel espejo. Al conocerte algo en mi mundo cambió. Te veo y cuando no te veo me pierdo en la ilusión.

¿De eso se trata este juego? ¿Causa, efecto o destino?
¿Aceptar o resistir?

Explosiones de conciencia invaden mi mente. Veo colores. Nada me toca y todo me afecta. Si es que todos vamos al mismo lado ¿Que hay que decidir? Destellos estelares revolotean sobre mí. Luna llena, aguas y mareas, silencios, tormentas, tsunami y sonidos de planetas. Me freno, me inquieto y aquí estoy. Me conecto, no hay nada que pensar solo ser, sentir, expresar y existir.

BUSCANDOME

Me perdí

Yo solo quería encontrarme. Me busqué en lo que fui y aquí estoy sin poder verme. Soy naturaleza. Me necesitaba, entera o rota; necesitaba escucharme y conocerme. Ver todo lo que me encanta de mí y todo lo que me desagrada. Cada pedacito, verlo ahí, sin querer esconderlo, permitiendo equivocarme.

Hoy me puedo ver, me río de mi, lloro, me enojo conmigo y me vuelvo a perdonar. Me acepto como soy y me desilusiono de mí. Me sigo eligiendo, me sigo teniendo, acompañándome siempre sin sentirme sola, sintiéndome cerca, completa, con todos mis pedacitos, lindos y feos, estoy aquí conmigo.

Hoy me agradezco por tantos errores, por todo lo que me hizo doler, por las cosas que rompí y no supe reparar, por no saber qué pensar, cómo actuar, qué decir, ni qué hacer.

Me agradezco por amarme a pesar de todo, por querer seguir aprendiendo, darme la oportunidad de crecer y por elegir estar en Paz. Me agradezco por despertar, por observarme, por animarme a conocerme y a experimentar.

Me necesitaba así, completa o rota, con todos mis pedacitos y aquí estaba, solo me tenía que encontrar.

CONEXIONES

El amor construye paradas

De acuerdo a las circunstancias, el interés y los acontecimientos, tomamos caminos diferentes y nos alejamos. Algunos no se vuelven a cruzar y hay quienes se quedan por mucho tiempo caminando a la par, quizás por obligación o quizás por amor. Los que más se quedan y a veces hasta el final son algunos familiares que aman sin necesitar, otros son amigos, los viejos, los nuevos, da igual; la profundidad de la relación, no tiene que ver con el tiempo.

Conoces a una persona y plum!! La conexión, las chispas. Las almas se recuerdan, se conectan, se observan, se sienten y se abrazan con el corazón sin tocarse. Esas conexiones que te llenan, esa energía compartida que no se puede explicar. Esas que llegan y van al compás, no importa cuánto tiempo estén si las sabes apreciar.

Otras conexiones se van debilitando, quizás por falta de señal o de energía. Si nos aferramos a estructuras o contratos, algún día caducarán.

Nos desconectamos, y luego de muchos años, nos volvemos a conectar.

Desapegarse sin deshacerse de nadie, cambiando formas improvisando, sin querer agradar, simplemente siendo, simplemente estando.

El camino se transita sin mochila o te puedes cansar. En cada viaje achicas tu equipaje para que puedas apreciar el paisaje, tu vida y a la de los demás.

Algún día viajaré sola, con alas me elevaré y no necesitaré caminar, mirando hacia adelante con una sonrisa en el rostro y sin nada que anhelar.

RESONANCIAS

Es en este intercambio en donde nos encontramos sin querer y sin saber.

Lo que resuena se queda y a lo demás lo guardamos en archivos escondidos de la mente. Sin resonar deja de existir en la consciencia. Es la memoria selectiva.

Libro: ya vuelvo y te leo mañana o el año que viene o en una hora. Para ver cuánto cambiaste y me digas que es lo que me interesa, que recuerdo, que es lo que existe en mí.

Me tomo en serio mis ideas y hasta me parece divertido. Quiero experimentar por mí misma el tiempo y el espacio donde vivo. No sé dónde estaré mañana, no sé donde estoy hoy, si en lo que leo cuando escribo o en lo que lees cuando no estoy.

Siento tu energía al escribir. Algo casi imposible de creer, se que sientes tú la mía al leer. Reflejo lo que vivo, lo que pienso, lo que escribo. No sé quién seré mañana, ni quien soy hoy, ni quién eres tú, solo sé que te siento y se siente como luz.

Cuando caen "fichas" las escucho ¿Sentiste el sonido? Este está en tu memoria y se va despejando el camino. Todo es más lindo que recién.

RENACER

La vida nos sacude cada tanto, a veces para hacernos bailar y otras tantas para movilizarnos.

Cuando vuelva ya no seré yo y tú no serás Tú. Será hermoso volver a encontrarnos, conocernos de nuevo y ver en lo que nos convertimos con el tiempo. Si estamos conscientes podremos notarlo. ¿Cuánto aprendimos? ¿Cuánto callamos? ¿Cuánto bailamos? ¿Cuánto cantamos? ¿Cuántas cosas nuevas emprendimos? ¿Cuánto nos equivocamos?

Momento mágico de conexión infinita con el universo. Corazón alegre en apertura. Mejillas rosadas inundadas. Luna llena próxima, movilización astrológica y planetaria, ¿Que somos? ¿Dónde estamos? Preguntas simples se hacen profundas. Silencio sin respuesta o respuestas en el silencio. La magia está en solo hacer las preguntas. Los signos de interrogación nos mueven a buscar.

Algunos dicen que la verdad existe y además señalan que no puede ser nombrada ¡Que más dá! Tenemos que vivir igual, con ella o sin ella.

Vivir al sentir, al respirar y al conectar con lo que percibimos. Todo lo que pueda expresar a través del lenguaje será incierto. Solo podemos experimentarlo.

ELLA

Continúa sin encontrar las palabras exactas para expresar lo que siente, mientras tanto escribe.

Ella es guiada por el viento del norte que la impulsa a conseguir lo que quiere el corazón. Es inquieta y no se conforma con la rutina. Se volvió buscadora de paisajes, personas, experiencias, colores, ideas y palabras para expresar lo que siente. Resuena con la libertad.

Un día se liberó de los "NO PUEDO". Adoptó la frase "Si tienes miedo, hazlo con miedo". Se alejó de las excusas, exigencias y expectativas sociales. Así como de la indiferencia de personas y lugares que no le permitían ser ella misma sin juzgarla. El proceso fue doloroso. Se acercó a la incertidumbre de la libertad gestando creaciones infinitas. Conoció nuevas formas. Experimentó la simpleza y la autenticidad observando su naturaleza. Vivió por un tiempo en los extremos, conociendo los matices para encontrar su punto medio.

Ella lo mira, lágrimas caen de sus ojos. Se da cuenta que ya tiene todo lo que ella quiere. Ese amor indescriptible que la envuelve y se eleva expandiéndose como energía potenciada hacia otros seres. Juntos crean. Sus frecuencias resuenan. Su luz guía cada paso a seguir para trascender. Ya no tiene miedo a equivocarse, comprendió que todo es nuevo siempre. Cada instante se crea viviendo.

Ella a veces no logra comprender a los seres humanos. Observa y trata de no juzgar. No puede, pues sus ideas, mandatos y conceptos se lo impiden. Toma consciencia, reaprende, integra y vuelve a observar. Ahora lo ve perfecto y equilibrado, más luego se vuelve a confundir. Tal vez las respuestas estén en el silencio. Ella vuelve a intentarlo una y otra vez. Cree que un día tendrá que dejar de buscar.

Recuerda quién eres, la mente no entenderá las respuestas que vendrán del corazón.

Ella sabe que no tiene la verdad. Ella cree en la magia y en los milagros. Se permite cambiar de opinión cantando descalza y respirando. Va percibiendo un mundo equilibrado en donde el amor siempre está presente.

En cada lugar se lleva y deja algo de ella. Sabe que nada volverá a ser igual. Se le acabaron los sueños por andar convirtiéndolos en realidad.

Ella piensa que el cierre y el inicio de un año es un límite temporal inventado. Ella inicia un nuevo año con una nueva actitud y una nueva mirada. Podemos tener nuevas horas, días, meses, años o segundos. Aún así, cree que este invento serviría para que las personas tomen impulso y se animen a cambiar. Existe una nueva oportunidad; para cerrar, para soltar, para liberar. No importa qué calendario elijas usar.

Que cada instante nuevo se pueda valorar como único, tú eliges cómo vivirlo.

Ella ya no cree en la amistad, o por lo menos, ya no la llama así. Cree en el Amor Universal, ese que la conecta con personas con las que no necesita hacer nada. Amas al otro simplemente porque "ES", sabiendo que aparece para mostrarle algo y quizás en algún momento se irá.

Ese amor sano que te sostiene y te suelta, que no te exige y que te acepta. Ya no tiene más amigos, tiene hermanos del camino con los que se acompañan durante el tiempo necesario para aprender a vivir.

Si la extrañas y admiras en demasía a la distancia, puede que la estés idealizando. Ella fue, es y será imperfecta. Sus defectos y debilidades no se ven a lo lejos y son parte de ella.

Le gusta el ruido de la noche, ese que hace la naturaleza. Los grillos, las cigarras y las ranitas. Una de esas noches se perdieron en el bosque, caminaban expectantes y en estado de alerta guiados por la luz tenue de una linterna. Él le dijo:

Espera, apagó la luz y de repente el oscuro bosque comenzó a iluminarse con el destello de la luna que penetraba los árboles. Comenzaron a aparecer miles de luciérnagas por arte de magia.

Ella ama las luces! Quizás porque cree ser una de ellas.

LO NUESTRO

Soñamos lo mismo y al mismo tiempo

Lo veo simple y a veces complicado. Cuando resuena con mis palabras es parte de mí. Su mirada tiene algo que lo hace brillar hasta en la oscuridad. Puedo ver sus defectos aunque se esconden muy bien. Me gusta mucho su piel, como piensa, como camina y sus rizos al despertar. Él sonríe con frecuencia. Le gusta mucho los chistes, las bromas y los memes. Baila descalzo moviendo los pies.

Lo percibo en estados meditativos. Cuando está lejos siento que me falta algo. Me habla y el alivio llega a mi pecho ¿Será mi media naranja? Nada de media, todos estamos completos.

El aprendió a nadar en el mar.

Sabemos que a pesar de tener proyectos para el futuro, nada es para siempre. Practicamos el desapego y nos aferramos energéticamente sin poder evitarlo. Somos compatibles o incompatibles dependiendo el día. Nos conocemos y cambiamos para luego volvernos a conocer. Queremos un mundo mejor. Seguiremos buscando mientras se va gestando nuestro espacio, en donde existe el amor, el respeto y la libertad. No pretendemos cambiar al otro, aunque a veces, si lo queremos hacer. Tratamos de disimularlo y respirando nos vamos aceptando otra vez.

Sabemos que el otro no es lo que imaginamos. El lenguaje disfraza lo que queremos ser. Aun así, nos seguimos creando y fantaseamos hasta que el silencio vuelve otra vez. Nos miramos y nos abrazamos sin abrazar. No comprendemos muchas cosas y aun así, decidimos amar.

Viajar o no viajar, tener hijos o no. No queremos "atarnos" por tradición. Sentimos que ya estamos unidos y bendecidos por la naturaleza. Conocemos cosas nuevas mientras nos acompañamos a sanar.

Él me mira, yo sonrío. Me cuenta que cada latido de su corazón es como una gota de agua que cae y se expande siguiendo el ritmo de un tambor. El recorrido de la sangre hacia todo el cuerpo inicia desde corazón.

Escuchamos el color de la música profunda entrando en el vacío de la propia existencia. Vamos inocentes celebrando mientras las preocupaciones se acercan y se alejan.

Descubrimos que nuestro hogar somos nosotros mismos y nos vamos adaptando. Por momentos nos sobrecargamos con algún equipaje, con cuentas y cosas. Surfeamos colchones mientras juntamos experiencia.

Decidimos momento a momento cada paso. Las mentes nos llevan al futuro y vuelve la preocupación. Nos tomamos una pausa para regresar al presente y volver a confiar en el camino que elegimos.

Flotamos en el mar haciendo planchita, nos acariciamos con cada ola suave que pasa y continuamos juntos, liberándonos de lo que nos ata y no nos deja avanzar, derrumbando patrones mentales que ya no sirven más.

Entregamos el volante y el control. Nos escuchamos aunque siempre cantemos la misma canción. Nos tenemos paciencia, la ciencia de la paz.

EL COLOR DEL AMOR

Tener la capacidad de bendecirlo todo

Transitar el amor común hacia el amor compasivo, independiente y contemplador de individualidades. Sin anularse el uno al otro y sin manipular. Profundamente armonioso que incluye y traspasa todo tipo de relación.

El fuego transformador va alternando e integrando los éxitos y los fracasos. El éxito le sigue al fracaso y el fracaso al éxito de manera constante. Tal como una rueda porque somos cíclicos. Tanto en la gloria como en el barro. Habrán sensaciones de éxitos permanentes si no nos atamos a los resultados.

Poder auto-apreciarse esencialmente sin esquivar los malos ratos. Es como el día y la noche, cada uno trae su gema para el alma y es el maestro espejo del otro.

Las puertas están abiertas, solo hay que elegir una y pasar. Encontrarás muchos maestros en tus experiencias terrenales. Es como atravesar un bosque con energía que te impulsa hacia la aventura. Puede que haya de todo, debes prestar atención.

Se trata de vivir la incertidumbre. Revelar algo que ya sabes en tu interior. Correr los telones renaciendo a través de ellos en el propio ser que eres.

A ella la envuelve el propósito de integración. A él lo envuelve la necesidad de bendición de lo que ya tiene. Maestros los rodean y celebran con energía parecida al agua de mar fluyendo con empatía.

Ser naturales siempre haciendo lo mejor que puedan. Buscando sanar interiormente para poder proyectar en el otro toda la luz. Avanzando en niveles de consciencia para estar en paz. Al estar en coherencia ya están sanando.

AMOR INCONDICIONAL

La frecuencia de este tipo de amor vibra como cuando observas a un bebé dormir o sonreír.

El amor sincero es como aman los niños pequeños, sin juzgar. Observa cómo brillan sus ojos, así recordarás como lo hacías. Lo adultos estamos viciados. Nos olvidamos de jugar, de acariciar. Estamos "adulterados" ya no caminamos descalzos en la naturaleza.

Suelta las cargas que te auto-impones, la rigidez de tu cuerpo es la señal. Baila hasta volverte blandito, muévete, suelta, estírate, escribe en la arena, vuelve a dibujar con muchos colores, a pintar, sonríe nuevamente, aunque no tengas ganas, bromea, camina despacio, observa, haz pelotas de papel, artesanías, ensúciate, vuélvete un niño y en el juego, siente el amor, acaricia, abraza y sana a tu niño interior.

LIBERAR MANDATOS

Crecer significa soltar esas amarras con decisiones

Solo depende de ti. Suelta esas mochilas que te impiden seguir tu propio camino y serte fiel. No pones en juego el Amor de tu familia y amigos al hacerlo, son cosas distintas. Constantemente tenemos miedo de que piensen que lo hacemos para hacerles la contra por no hacer lo que ellos harían. Creemos que no hemos aprendido la lección. Sentimos que hicimos oídos sordos a todo lo que nos transmitieron. Es ridículo pensar que los dejamos de amar por no hacer todo aquello que nos inculcaron.

Vuelve a reír y recupera tu libertad. No tengas miedo de fallar, todos lo hacemos, para eso estamos aquí. Deja de poner foco en los problemas. Focaliza tranquilidad. Deja de elegir lo seguro. Lo que "debería ser" no siempre es lo correcto para tu alma. Desafiar lo cómodo te hace valiente.

Descubrirte significa saber que las respuestas están en ti. Aunque las tendencias, las costumbres y la familia te absorban, tienes que avanzar. Necesitas recuperarte, reencontrarte, y renacer.

Creer que tienes un problema quizás sea un mandato también. Barre tu mente para comenzar a ser feliz. Habrá quienes lo consideren una traición, otros entenderán. Eso no depende de ti.

Se siente como morir y renacer. El costo de crecer es velar por ti y tomar responsabilidad de las consecuencias de tus propias elecciones. Si así lo eliges la consecuencia es la libertad. Tus errores serán tuyos y no necesitarás tener alguien a quien culpar. Te harás responsable de tus acciones y recuperaras tu poder.

No temas al desamor, este nuevo camino es conocer, contactar y dejar fluir las emociones, para descubrir cuánto te puedes amar, construyendo auto apoyo, firme, fuerte y encontrar tu humilde potencial del SER.

Poco a poco irás descubriendo cuál es tu papel y que también vienes a sanarte y a sanar a otros con tu presencia sagrada, única e infinita.

DIOS

Mi Dios es naturaleza envuelta en energía de amor y está en todo

Dejé de creer en Él cuando pude sentirlo. Ya no había dudas, ni palabras para definirlo. Entonces me sumergí en su inmenso amor llena de lágrimas y alegría, sintiendo la perfección y la completa armonía. Es difícil hablar con tantas creencias existentes en las mentes. Se lo percibe y se lo llama de maneras diferente. El Dios que yo siento es vida en su plena manifestación, con luces y sombras, sin negar la completa creación. Se siente como magia sagrada, visible e invisible, difícil de comprender. Me da paz y me expande infinitamente. Creo en ese Dios que no juzga, que juega, que te abraza, te apoya y te fortalece. Ese Dios que te protege, te acompaña y permite que crezcas de todas formas, con dolor y sin dolor, porque es Naturaleza.

Creo que fue lo que nos dio nuestra capacidad de resiliencia.

RECUPERATE, VE A BUSCARTE

Jamás será demasiado tarde

Me dijeron que te diga que estás en el camino. Busca más en tu corazón y no tanto afuera. Céntrate en ti. Mírate de manera magnífica, expande todo el brillo que hay en tu interior y en ese momento no te detendrán más tus dudas. Modifica tu auto percepción. La gente te percibirá como te percibas a ti. Ayúdate a que te vean brillar.

Perdónate todo lo que necesites perdonarte, saca las telarañas de tu relación contigo y empieza a conocerte como cuando conoces a una persona interesante, con atención, admiración y respeto. Observa cómo te tratas ¿tratarías de esa manera a otra persona?

Estás buscando tu amor y lo buscas afuera. Creas laberintos para entretenerte porque la soledad no está bien vista, la dibujan como una pesadilla y están equivocados. Ahí reside todo lo que necesitas. Deja de querer morder tu cola como un perro, dando vuelta en círculos. Una relación contigo es una relación como cualquier otra, quizás no hayas notado que sientes enojo porque no te prestas atención, te tratas mal y no te respetas. Auto Reconcíliate. Pregúntate qué te pasa, que necesitas, haz algo por ti, porque estás aquí para ti. Esta relación es la más importante.

Tu SER ya no sabe qué hacer para que te escuches, te presenta emociones y pareces no comprender. Valentía, confianza, autodeterminación, nuevo comienzo, libertad y sentimiento maternal. Timidez, reserva, sensibilidad, angustias, temores, todas esas partes guardadas que se hacen realidad.

Una explosión ocurrirá dentro tuyo con consecuencias físicas notables si no expresas lo que sientes. Síntomas aparecen y no sabes qué hacer. Tienen algo que decirte, algunos vienen a salvarte aunque no lo puedas creer. No podrás escucharlos si no conoces su idioma. Medita, investiga y reflexiona. Hay informaciones guardadas que aún no salen a la luz. Tú tienes todo el conocimiento en tu interior, debes descubrirlo antes que alguien más decida por ti.

Es tu cuerpo un espacio sagrado que te dieron al nacer. Camina firme por senderos que te dicte el corazón, que se hace escuchar con las cosas que te llaman la atención. Eso que te resuena bien adentro es lo que tienes que hacer, no le hagas caso a la mente que quiere convencerte.

Hablas en muchos idiomas, solo tienes que encontrar el traductor de ti mismo.

DIFICULTADES

Toda dificultad es una posibilidad de crecer

Ya me libere del miedo, siento valor y fuerza. Confío en mi guía interior. Soy la única responsable de mi propio crecimiento. Puedo distinguir entre mi alma y mi mente cada vez con mayor claridad y precisión. Las grandes situaciones de transformación en mi vida se caracterizan por un aumento del nivel de estrés y la inestabilidad.

Busca la vibración de una flor. Ella te ayudará a atravesar el río. Solo tienes que soltar las sogas amarradas. Estás en el medio, sabes que tienes que avanzar. El pasado inquieto te busca y tú lo escuchas, suéltalo para que tu alma te pueda guiar. Esa frecuencia te dará el impulso. Esperemos que esta vez le hagas caso a tu corazón aunque te duela. El siempre te guía porque sabe al final de todo que es lo mejor.

Sigue por dónde vas, aprovechando las oportunidades del presente. Presta atención, ya todo está dado, las respuestas nacen antes que las preguntas. Lo que es necesario para evolucionar está en el descubrimiento del propio valor. Como si fuera una semilla creciendo en el desierto que tienes que encontrar, sabiendo que está ahí la podrás ver. Observa a la vida como un juego mientras la buscas y hasta que la encuentres iras pasando niveles. Se producirá alquimia y milagros verás. El saber se manifestará en hechos.

SILENCIO

Para encontrar las palabras adecuadas, hace falta el silencio

No hacen falta las palabras. Cuando hay energía para decirlo, solo hazlo. Pero cuando no, no digas nada. Cada persona está en su proceso. Ama a los otros tal cual son, ama profundamente, todos son parte de ti. Los demás se darán cuenta de ese amor con tu sola presencia, lo importante es cómo te sientes en cada acción, asegúrate de que cada cosa que hagas te de paz.

El cuerpo es un vehículo. Algunos tienen 4x4, otros motos, otros andan de pie. Sin miedo despégate de lo que piensan los demás. Ellos están confundidos, hablan por hablar, todos quieren lo mismo, todos buscan la paz.

Sé auténtico con las cosas que dices. Puedes expresar tus molestias, y aun así, tomar consciencia, luego, que son tus espejos. Sé impecable con tus palabras, ellas son como imanes que atraen a tu alrededor todo lo que ves y sientes. Tu realidad se va construyendo desde ese plano, del pensamiento y la imaginación. Antes eran energías más sutiles que se manifiestan en tu mente.

Usa el filtro al convertirlas en acciones.

Silencio profundo purificador, elevador de conciencia y transmutador.

PAZ

La paz no debería ser negociable

La estamos buscando aunque no sepamos que lo hacemos. Si estamos confundidos con lo que nos da paz, estar en paz con eso.

Dar tantas explicaciones nos quita paz. Cada persona es una gota en el océano. Algunos están en alta mar calmados, otros en una tormenta, otros se quieren escapar a las orillas. Nadie se puede escapar de lo que pasa, la arena los absorbe y los devuelve al mar. Nadie puede escaparse de su propia consciencia.

Vivir de tal forma que se pueda dormir en paz. Estar en paz con todo lo que se piensa, se dice, se siente, las emociones usarlas a nuestro favor. Escuchar la intuición. Si sientes que no tienes que estar en ese lugar, te paras y te vas.

Hablar solo cuando queremos hablar. No hables de más, tu energía se dispersa, cediendo tu poder al entorno, que a veces ni te pide explicación, toma consciencia de eso, explicamos más por nosotros mismos que por los demás.

Hay emociones que preservan, como el miedo biológico al peligro real y la incomodidad. Ellas vienen a salvarnos. Aun así, trascender los miedos ilusorios y salir de la zona de confort es evolucionar, sigue conociendo gente, tú sabes a quien encontrar para acercarte a ese estado paso a paso.

Cuando algo es nuevo nos hace temblar, al hacerlo muchas veces nos trae más confianza y recibimos las habilidades necesarias.

Conocer y experimentar nuevas cosas con el tiempo nos equilibra. Lo conocido nos brinda cierta seguridad y lo desconocido nos genera tensiones. Al bajar la adrenalina saber que estamos a salvo nos da tranquilidad. Luego del ejercicio y la tensión, los músculos se relajan más, en el contraste lo podemos ver.

RETOMAR

Escribir me devuelve lo que vengo a hacer aunque no entienda los motivos.

Dejé de escribir por un tiempo, porque dejé de confiar. Me preguntaba si alguien quería leerme y me olvidé por un momento que escribía para mí, para recordar. Perdí de vista que como ser humano, me expreso y alguien se puede identificar. No importa si no les gusta lo que escribo, solo quiero sanar.

El sol ilumina mi rostro cuando comienzo a leer lo que otros escriben, me ayuda a comprender lo complejo de existir desde otras miradas. Creo en eso que me mueve a escribir. Eso que me empuja y no puedo evitar. Continúo porque elijo confiar sin saber. No escribo porque "Debo" escribo porque lo "Quiero hacer".

"

SIN SENTIDO

Existen muchas preguntas sin responder

Hay momentos en que no le encontramos sentido a nuestra vida. No sabemos qué hacer, ni por dónde empezar.

Cuando comienzas un viaje la primera pregunta será la pista del siguiente paso a dar en la ruta al autoconocimiento. No importa cuál sea, la clave es hacerla. Como al plantar una semilla y esperar que florezca. Un día caerá el fruto y sabrás la respuesta. Estarás seguro e irás plantando otras semillas. Si todavía no encuentras el sentido, el jardín estará lleno de flores, frutos y te mantendrás enfocado.

Si confías tendrás momentos de Lucidez. Momentos de absoluta certeza. Esos momentos en que ves todo con claridad y no necesitas nada. En que sientes lo que ERES, sientes esa Luz en ti. Sabes que quieres y que ya no quieres más. En donde todo es perfecto. Utilízalos para decidir, anotar tus ideas y las respuestas. Escribe una carta, exprésate. Así, cuando vuelva la mente a preocuparse, a regañarte y a juzgarte, recuerdes ese momento de lucidez.

ERES LIBRE

Cuando no quieres agradar a nadie. Eres Libre.

Cuando entiendes que siempre alguien te critica. Eres Libre.

Cuando tomas consciencia que estas eligiendo siempre. Eres Libre.

Cuando te amas y aceptas completa y profundamente. Eres Libre.

Cuando te permites cambiar de opinión. Eres Libre.

Cuando te perdonas. Eres Libre.

Cuando te permitís equivocarte. Eres Libre.

Cuando dejas de querer cumplir expectativas. Eres Libre.

Cuando cuestionas y sacas tus propias conclusiones. Eres Libre.

Cuando observas que todo cambia. Eres Libre.

Cuando ves que no sabes cómo son las cosas y dejas de juzgarlas. Eres Libre.

Cuando aprendes a identificar las interpretaciones y te liberas de la queja. Eres Libre.

Cuando eliges el silencio. Eres Libre.

Cuando dejas de querer tener razón. Eres Libre.

Cuando pides y no te dejas manipular. Eres Libre.

Cuando aprendes el lenguaje del corazón y te animas a seguirlo. Eres Libre.

ERES LIBRE.

CUMPLIR SUEÑOS EN VEZ DE AÑOS

Todo lo que veía como obstáculos eran solo excusas de mi mente contaminadas por el miedo a perder.

Para cumplir mis sueños suelto día a día a muchas cosas y personas. Me alejo de la estabilidad y la seguridad que me enseñaron, la que buscaba y "tenía" hace años atrás. Confío en lo que quiero y voy hacia allí! Danzando creativa-mente con lo que la vida me presta. Si es que pretendo controlar las situaciones sufriré.

Hoy me pregunto: ¿perder qué? si nada me pertenece y nada me llevo al morir.

Si no aprendo a soltar todo lo que me aleja de lo que anhelo, nunca lo conseguiré.

Elegiré cosas en el camino y dejaré otras, tal vez algunas para siempre. Probaré y seguiré aprendiendo el arte de acompañar al otro, inspirar y correr tras mis sueños. Viviendo intensamente, entregándome al fluir de la vida, sin muchas expectativas y moldeando mi personalidad con amor a partir de las experiencias.

A veces tengo mucho miedo, ese miedo que me cuida, que me hace estar atenta. Mas no dejo que me paralice, lo uso a mi favor y luego lo suelto respirando, transformándolo en amor.

En el camino contacto con muchas personas. A algunas solo las veo una vez en mi vida. Todas dejan marcas en mi corazón y enseñanzas que me permiten seguir. Me impulsan hacia adelante recordando siempre lo que vine a hacer y lo que quiero Ser.

DESILUSIÓN

Vulnerable y con el corazón expandido, casi expuesto y lastimado

Cuando quieres mucho a alguien y te desilusionas, lloras, te paras, pegas 3 saltitos, te sacudes y sigues caminando hacia adelante con tus ojos hinchados, transitando el duelo e incorporando el aprendizaje. Sé que duele pero que no te frene, hay mucho más por andar! Más desilusiones por procesar y más sorpresas hermosas por descubrir. Es parte de la vida misma. Busca en ti tu compañía. Amate tanto que no necesites nada más.

Despierta! Te está llevando la corriente. Mírate, conócete. ¿Sabes a qué viniste al mundo?

No demores, no te distraigas, solo hay uno como Tú, es ahora o nunca.

VACÍO

Paz de incertidumbre, dudas y transición

Espacio de vacío sagrado. Transformación y florecimiento, abonaste la tierra, la semilla ya está plantada.

Un viaje en balsa hacia la otra orilla. Dejarse llevar y disfrutar del paisaje, aunque llueva y truene, aunque salga el sol. Estás encaminado. Deja que la vida se manifieste en ti., solo quiere florecer.

Saliendo de la burbuja me voy dando cuenta que hay un mundo enriquecido por la diversidad al que muchos le temen.

Cuando experimenté la libertad interna me fui animando a la libertad externa. Hay cosas que no dependen de mí, me animé a enfrentar mis miedos y experimentar lo impredecible. Le temo a lo que no conozco y cuando lo conozco le dejo de temer. Ahora estoy dispuesta a animarme a más, sabiendo que existe un mundo afuera de la burbuja para explorar y conocer.

ENCENDER

La muerte y la vida. La luz y la oscuridad. No existe una sin la otra.

Aprendo dejando de hacer lo que aprendí una vez sin saber que estaba aprendiendo.

Conocer el amor y el dolor, la crisis y el llanto, ese pesar profundo que me eleva y me lleva a cantar. Los mantras, las caricias, los mensajes de texto, las caminatas, los abrazos y la música, solo se viven aquí. No sé qué pasará luego. Mientras tanto escribo, mientras tanto me esmero por encender cada día más una parte de misma sin aislarme del resto.

Calmadas las aguas me llevan al infinito y me guían a contemplarte. Me conecto contigo y siento mucha paz. Mis ojos comienzan a achinarse y comienzo a ver tu luz.

Está en tu naturaleza aunque. No le tengas miedo a tu poder. Vinimos solo a actuar y juntos caminamos simplemente para sanar.

La vida se enciende en consciencia y si no quieres escuchar buscará de hablarte más y más fuerte. Tu propósito ya lo sabes, tu corazón me contó que ayer te susurró al oído, el viento te hizo sentirlo y las flores con su perfume recordarlo.

Luego de que lo encuentres descansa tranquilo.

Día mágico y desafiante que termina. Ya sahumados nuestros sueños nos espera la almohada lista para darnos mimos.

La calma se esfuma por un recuerdo o por una imaginación que no pasará. Solo duerme confiando que todo es perfecto. Mañana sentirás emociones, no te resistas, son parte de la vida.

Gracias por otro día más. La vida continúa mientras esté en ella. Me voy salvando de varias veces que casi la pierdo.

Hoy declaro, mientras se disuelve mi miedo y mi apego, VIVIR mientras siga VIVA. Cada segundo, sin desperdicio con conciencia purificada.

ENCUENTROS

Que nos sigamos encontrando y nos acompañemos hasta el momento de perseguir otros caminos.

Que nos acerquemos cada vez más al verdadero reencuentro con nosotros mismos. Siempre desde el amor y la libertad incondicional con el otro, en el aprendizaje infinito de la vida.

Gracias por cada parte del camino recorrido juntos. Tu compañía en ese momento es la necesaria para conectar con mi alma y ya no necesitar nada más.

Salto cuántico. También se vive al esperar. Crear un mundo propio con magia teniendo esperanza. No puedo comprenderte del todo, te escucho e interpreto. Solo puedo mirarte y sentirte. No te prometo nada, porque no sé qué pasará mañana.

Hay días que no quiero despertar y me hubiera gustado seguir dormida. Hay otros en los que no concibo la vida sin estos anteojos.

REDES SOCIALES

Aunque me preguntes lo que pienso, no debería contestar

Quizás no leas esto en Instagram hasta el final porque es muy largo. Quizás no debería escribir esto por Facebook o por otra Red Social en donde todo tiene que ser corto y llamativo.

No creas que me conoces por las publicaciones que hago. A veces comparto cosas con las que después no estoy de acuerdo.

Comparto cosas para sostener intacta la imagen que quiero mostrar a los otros. Como todos lo hacemos.

En este expresar constante frente a un artefacto electrónico compartimos lo que queremos mostrar de nosotros como si fuera que somos eso.

No creo que seas solo esto. Veo en tus ojos muchas otras cosas que no se pueden compartir por las redes sociales y aunque creas que estas nos unen, a veces lo único que hacen es atraparnos.

No soy nada de lo que comparto ni quiero serlo. Soy un humano que vino a este mundo a aprender a verlo. Verlo con distintos ojos y sentirlo sin evitarlo. Soy esta humana que no comprende todo. Al mirarte, al hablar y al contactar contigo en vivo y en directo. Quizás tampoco sea eso que percibes.

MUERTE

Acepto a la muerte como parte de la vida

Si niego la muerte, niego la existencia misma. Acepto que muero también cada día.

Acepto a la muerte como cambio de estado y elijo creer en eso porque es lo que me ayuda a dormir mejor.

Acepto que la muerte nos lleva y que no hay culpables.

Y cuando la muerte viene y me toca de cerca, la niego con todas mis fuerzas. La quiero lejos de mi vida, lejos de mi gente, lejos de mí ser y luego vuelvo a comprender.

La muerte es parte de la vida, si no la logro aceptar, viviré sin haber nacido, negando una parte mía y eso no me permitirá crecer.

Acepto la muerte aunque no la comprenda, aunque nadie quiera hablar de ella, aunque le tenga un miedo aterrador y aunque no quiera que aparezca. La niego, me enojo, la veo y me aterra, cierro los ojos. Ella me tiene paciencia.

Me olvido y vuelve a aparecer. Por más que no quiera está ahí, es mi naturaleza y la acepto otra vez.

Aceptarla me hace sentir viva y volver a nacer.

TRISTEZA

Indica que algo importante he perdido

Necesito buscar dentro de mí lo que percibo que me falta. Contactar con el desapego, buscar una forma de asumir esa pérdida respetando mis procesos. Aprender a superar el apego transitorio de tener algo. Aceptando la impermanencia de las cosas. Valorando el momento presente y a todo lo que amo a mi alrededor. Buscando dentro mí la dulzura, la suavidad, la incondicionalidad y el amor infinito. Sabiendo que después de todo estaremos bien.

Pase lo que pase estaremos bien. La vida puede ser muy intensa. Ven, te muestro la muerte y también el nacimiento. Te muestro el todo y cada una de las partes. Vibraciones.

Sentir es sanar, sientes cada emoción y las entregas al infinito. Luego se va y viene la paz.

El miedo no existe, es una ilusión. Vamos atravesando cada uno de ellos.

Amor infinito, unión, duelos, renacer, estamos vivos. No sé qué esperamos para acariciarnos más, para amarnos más.

El viaje más profundo de mi vida. Ahora más que nunca escucho a mi alma, ya sé en qué idioma habla. No existen los miedos, no existe la muerte, no existen los sueños. La verdad se siente, ya no hay inventos y no hay imaginación.

Estamos despiertos.

SINFONÍAS

La danza de los sonidos de las emociones nos invita a cantar

Hacemos el mismo sonido al reír y al llorar. De placer y de dolor. Es la misma vibración, sin separación, la misma sinfonía que la vida nos invita a bailar. Es la alegría y las ganas de llorar. Podemos sonreír al llorar, al darnos cuenta que estamos vivos, podemos llorar de tanto reír.

Nada es diferente. Todo es sentir, déjate llevar, baila al compás, sin resistencias y podrás volar!

Cuando me vaya solo quedarán mis palabras impresas en un papel buscando ojos que quieran leerlas. Con su energía irán generando emociones y juicios.

Cuando me vaya solo quedarán los recuerdos difusos de quien fui en la mente de alguien, que me diseñó a su antojo. Cada uno tendrá su imagen única de lo que intenté ser.

Cuando me vaya quedará mi vibración dando vueltas por ahí rozando tus mejillas y coleccionando tus lágrimas.

Cuando me vaya quedará un mundo transformado por mi existencia. Para bien o para mal ya no será el mismo.

INSTANTES DE CONCIENCIA

Los límites del facilitador terminan cuando comienza la responsabilidad del consultante.

Al acompañar a otros somos linternas y tenemos que estar encendidos, sin miedos, sin preocupaciones, con ese amor infinito en donde la sanación sucede como vibración de comprensión elevada

La consciencia es como la vida, simplemente sucede en el momento justo que tiene que suceder. Nadie sabe por qué, cuándo, ni cómo, simplemente sucede. Así, tomamos consciencia en el momento que tiene que suceder y no antes ni después.

En la interconexión de almas se pueden acelerar procesos, aún así, cada quien decide cuándo y si está listo para hacerlo.

El maestro solo aparece cuando estamos listos. Cuando nuestros cuerpos, mente y alma convergen en ese momento perfecto que puede recibir esa vibración.

Otros pueden ver cosas de nosotros que aun no vemos y en la interacción podemos descubrir.

El instante sagrado de toma de consciencia es único para cada persona y tiene su razón de ser. Puedes prepararte para recibirlo. Preparando tu cuerpo, tus emociones, tu mente y tu alma. Puedes elegirlo así como elegiste nacer. Naciste el día justo que representa lo que eres, los dones que posees y la creación de tu magnífica presencia.

SER HUMANO

Querido ser humano, si tú quieres juntos podemos aprender a relacionarnos.

Si, es un desafío con emociones que escondemos y mostramos. Conversaciones, con palabras que no queremos decir, que decimos y otras que callamos. Momentos en los que no nos queremos escuchar y otros en los que si nos escuchamos. A veces llenos de preconceptos y otras simplemente observando.

Ser humano dame tu mano no importa cómo piensas y si lo haces igual que yo. No te rindas, experimenta, siente, ama y elévate. Siente la perfección que nos une.

No a todos les mostraron el mundo como te lo mostraron tus padres. No todos comprenderán tus heridas, cada herida es diferente. Quizás no estemos aquí para comprendernos, quizás estemos aquí para acompañarnos.

Ser humano danza conmigo en el ritmo de la vida no importa si no es con alegría.

Llega un día en que sientes realmente la frase "te amo como eres". Primero con las personas más cercanas luego se va expandiendo hacia todos. Desde el amor comienzas a darle la oportunidad al otro de que sea quien quiera ser y todas las resistencias desaparecen. El otro comienza a SER sin resistencias porque ya lo amas.

Con el tiempo te vas dando cuenta que lo que no te gustaba de los demás eran esas resistencias que tu quizás indirectamente estabas generando. Se liberan de tu imposición de cómo ser y no les queda otro camino que ser lo que son.

Aplicado hacia ti mismo. Lo que hay por detrás de tus resistencias es eso que eres y seguramente cuando lo veas lo amarás.

Así que "te amo como eres". Lo seguiré repitiendo para sentirlo cada vez más.

Gracias por quitar mis barreras cada vez que me dijiste "te amo como eres". Gracias por repetirlo tantas veces hasta que pude escucharlo, hasta que logre sentirlo. Ahora puedo amarte y amar así.

ERRORES

Buscamos evitar cometer los mismos errores

Nuestra evolución como seres humanos consiste en que en cada generación ser mejores. Sabiendo que podemos aprender muchas cosas de nuestros hijos porque los vamos creando con una versión mejorada a lo que nos criaron a nosotros. Ellos son el reflejo de una nueva forma de vivir que inventamos.

Nuestros padres son el recordatorio, no tan solo de lo que no queremos que se repita, sino también de que nos darán la vida creando errores nuevos.

Lo que lees puede ser la pieza de un rompecabezas. Al compartir nuestras vivencias comienzan a engranarse.

Había una vez un grupo de gente que se juntaba a compartir sus conclusiones y hazañas. Todos aportan una pieza distinta. Cada participante del grupo tenía su rol. Al finalizar la reunión escribían un cuento en donde aparecían todos los puntos de vistas integrados, construyendo un laberinto con varias salidas. En ese cuento estaba la voz del viejo sabio y del niño, de la madre y de la mujer, los trabajadores, el padre, el hombre y los adolescentes. Mostraban lo que eran y lo que hacían, podían transmitir lo que sentían.

Expandidos mentalmente se despedían con abrazos, sus corazones palpitaban de alegría.

Escuchar sin juzgar era su secreto, observar sin querer comprender y amar sin condiciones.

Es bueno buscar piezas distintas a las que ya tenemos, gente diferente que viene a complementarnos.

Es ahí donde se enciende nuestra sabiduría.

Sabiduría de enfocarnos en el ser más que en el hacer y el tener. Hay algo de alta vibración que tiene que florecer.

Sabiduría de cómo obrar en lo espiritual y en lo material. Lo espiritual es la vida simple, acercarnos y ser cada vez más naturales, no tiene que ver con los psicodélicos que imaginas. Vida simple pensamiento elevado.

Sabiduría de poder manifestar la completa abundancia material y espiritual a la vez. Ya que son complementarias, satisfactorias y necesarias.

Sabiduría en el escuchar a nuestro maestro interior desde el alma y no desde la mente. Esa voz que susurra con energías más sutiles tiene el mismo color que el silencio profundo.

Sabiduría en el renacimiento del soltar sin resignar, aceptando y liberando.

Sabiduría, de sumergirte un segundo en el vacío de la propia existencia resurgiendo hacia lo más elevado de la conciencia.

Sabiduría de la plena confianza en el flujo constante de la vida que como una calesita gira sin parar convirtiéndose en un espiral ascendente. Siempre avanzando hacia arriba.

Sabiduría de la coparticipación con el todo unificado que nos atrae como imanes y nos suelta cuando es necesario.

Sabiduría para usar lo que ya tienes y al usarlo descubrirlo.

Sabiduría para desapegarnos del pasado y entregar el volante. Escuchar en el silencio lo que nos susurra el universo.

PIONEROS

Te abre el corazón, te muestra infinitas realidades y te hace crecer

Pioneros de ideales y pensamientos pisan nuevos horizontes con metas de vida bien definidas y tienden a alcanzarlas de manera poco convencionales.

Se sienten constantemente extraños con resistencias a las masas. Están libres de toda atadura. Puede navegar por la vida descartando opiniones descalificadoras de otras personas, siguen su vocación interior y toman nuevas decisiones.

Se protegen de la radiación energética y se entrena para percibir más las manipulaciones. No se dejan intimidar tan fácilmente poniendo límites cuando es necesario.

Reconocen las leyes naturales que respaldan al cambio. Duerme lo suficiente para estar despiertos. Se alimentan intuitivamente y poseen una auténtica capacidad de amar.

Ellos te muestran que viajar de vez en cuando te cultiva el alma, te hace valorar a tu gente y abrir la cabeza a nuevas formas. Te quita miedos, te eleva al cielo y te suelta.

Después de ver tantos paisajes entendemos que la naturaleza es perfecta y que cada pieza está puesta en el lugar indicado. Aprendes a confiar en tu propósito interno, que nada es imposible y que todo se vuelve más fácil.

Sientes al planeta como tu hogar y te recibe con los brazos abiertos por donde vayas todo lo que necesitas. Te das cuenta que todas las personas tienen emociones y se preocupan por lo mismo en cada rincón del mundo. En el fondo no somos diferentes y siempre hay una mano que te ayuda cuando de verdad necesitas.

MANIPULACIÓN

Exagera su miseria y se enferma para influenciar. Cuando no logra imponer su propia voluntad se enoja y eventualmente hace papel de mártir.

Rompe en llanto por ingratitud de los demás reclamando atención. Impone su voluntad de manera táctica e influyente con acciones afectivas. Quiere mantener lazos emocionales que ya se han superado y le cuesta perdonar.

Se siente fácilmente relegada, postergada y ofendida. A veces se disfraza muy bien de víctima. Es ciertamente seductora y persuasiva.

Usa la queja y el chantaje emocional. Te hace sentir que sus problemas son más importantes que los tuyos.

Aunque quieras ayudarla y encontrar una solución, ella tendrá un gigante "pero" bajo la manga para seguir cargando con su visión.

Pone las cosas que dices a su favor y hasta puede inventar. Parecerá que siempre tiene razón y no sabe que se equivoca.

Teje una red meticulosamente en la que te envuelve sin que te enteres una y otra vez.

Como mejor defensa usa un buen ataque, con sus palabras hirientes para derrotar de esa forma domina a los demás. La mayoría sede para evitar conflicto y ella vuelve a ganar. Juega con tu autoestima, en ocasiones la alimenta para hacerte sentir bien y ganar tu confianza.

Busca hacerse imprescindible en tu vida para ocupar espacio y usarte a su favor. Ella está en todos lados. A veces se alberga en tus relaciones y la usa como una acción inconsciente por no saber pedir. Ella te quita tu energía y tu paz.

Recuerda que no hay manipulador sin manipulado y recupera tu poder. Tú tienes el poder y nadie te lo puede quitar al menos que quieras cederlo.

Quizás estés rodeado de un mundo invisible de negatividad y eso te parezca normal. Cuando reconoces este estado y tu personalidad es aún débil para integrarlo proyectas el enojo interior sobre ti mismo y los demás.

Vas desarrollando agudos prejuicios sobre el mundo y no te sientes responsable porque piensas que la culpa la tienen los otros. Exiges y no estás dispuesto a dar. Recibes ayuda como si fuera lógico y obligatorio y hay ira sin explotar en tu interior.

Ven, yo te muestro algo distinto. Eso está en tu potencial aún no descubierto. Busca los nexos entre tu forma de pensar y los acontecimientos. Todo lo que puedes generar inconscientemente puede cambiar.

¿De qué eres responsable? Responde con habilidad. Busca la compañía de personas honestas, auténticas y libres para que te puedas contagiar. Desintoxica tu cuerpo, mente, emoción y alma sin dudar.

SOMBRAS

Convirtió en realidad mis miedos y tuve que atravesarlos uno por uno entregándome al proceso.

Lo puede sentir nuevamente. Es lo mismo que se siente cuando estás enamorado. En ese momento no había dudas y sabía que no existía la separación, nos vi sumergidos en una infinita unión. Ese reconocimiento comenzó a trabajar en mi corazón. Contacté internamente y percibí la energía del amor manifestándose con sabiduría de fluir en armonía sabiendo que todo era perfecto.

Me mostró que la muerte no existe y pude ver todas mis sombras.

Me dije a mi misma: solo hay que seguir. No me quedaba otra opción. Atravesé todos mis miedos que se volvían reales hasta que se fueron y vino la paz con la comprensión de que siempre fueron mi creación ilusoria.

Benditas sean mis sombras que me mostraron la falacia de la separación. En un instante redescubrí mi poder. Ya estaba preparando para atravesar la próxima emoción.

Pude ver mis apegos con dureza. Lloré mis duelos no llorados y experimenté el alivio en mi corazón, pero luego visualicé en un flash a mis familiares y amigos vivos morirse y lloré aún más. Me estaba mostrando la caducidad en este plano, aquella que tapa y negaba.

Me pude ver naciendo y muriendo en paz. Percibí todos los nacimientos, la vida estaba frente a mí. Sentí ese amor y lloré liberando emociones. Así como vinieron se disolvieron. Cuando las podía ver o sentir fluían. Ya no podía esconderme, no podía guardar nada bajo de la alfombra solo me quedaba atravesarlas, entregarme y soltar.

Mi mente hacía del milagro algo complejo. Pero esto era simple, pedir y dar no existe. El amor se siente en el alma y las sombras se vuelven luz. Las negligencias son nuestras sombras.

Comencé a jugar como una niña que podía manifestar lo que quería. Los niños no se identifican solo juegan, disfrutan y sienten sin ataduras.

Sentí el amor verdadero. Me di cuenta que no siempre lloro de angustia. Mi llanto era muy satisfactorio. En ese momento pude ponerle nombre a cada emoción y las identifiqué con una inteligencia que provenía del corazón. Era simplemente saberlo y recordarlo. Fue una manifestación de la sabiduría pura.

No necesitaba envolverme con las emociones, ni con los juicios, ni con los dolores, ni con los miedos. Abracé la sombra y ella se hizo Luz.

Aceptar la existencia. Ese momento era sagrado para mí, reconocí muchas cosas que percibía como perfectas. Para qué engañarme, bendita oscuridad, eres la muestra de mi existencia, pude ver la luz en ti.

Luego de amar y aceptar mis partes ocultas comencé a sentir mi poder. Yo no soy la que sabe, juntos somos sabiduría. Comencé a ver posible cosas que antes no y el universo me dijo que ya no necesitaba todo lo que no estaba en ese instante perfecto.

Ya eres uno, cada pareja, cada relación, un hijo, una madre, una hermana, un amigo, un padre, un conocido, son perfectas relaciones para mostrarnos lo que no podemos ver.

Cada pieza se estaba poniendo en su lugar, se estaba armando lo más sublime que nunca antes había logrado imaginar, era real, en ese momento era real.

No hay silencio sin ruido, la existencia detrás de la ambivalencia, las dos cosas son ciertas, es tan simple como éste ahora, como este amor.

CIELO E INFIERNO

Si crees que entendiste todo es porque no comprendiste nada

Ya no creo en los demonios. Cuando los vi comprendí que no existen, con mi mente los puedo hacer nacer y morir.

Un demonio me invitó a conocer su guarida. Allí todo era sorprendentemente normal. Yo venía de la tierra y ahí no había nada que no haya visto antes. Me mostró que no hay que morir para estar en el infierno. Ese lugar habita en nuestras mentes y se materializa con nuestras propias acciones. Quedé sorprendida.

Luego me presentó a su amigo. Era un angel, me llevó a conocer el cielo. Allí era todo sorprendentemente normal. Sentí una paz conocida como la que había percibido en algún momento cuando era bebé. Lo pude recordar. Me dijo casi en susurros que pasaba lo mismo que en el infierno. Todo lo que yo pudiera creer. Si quería vivir en el cielo también lo podía hacer. No hace falta estar muerto. En nuestras vidas podemos ir y venir del cielo al infierno. Todo depende de lo que elijamos manifestar.

Ya no tengo miedo a los demonios ni estoy ansiosa porque los ángeles me acompañen. Me di cuenta que tengo que prestar atención a mi mente, volver a renacer, aceptando que el cielo y el infierno conviven en la tierra, en mi mente.

Y le digo a mi maestro: creo que comprendí todo.

El me mira y me responde: quizás una luz ilumina tu conciencia y ahora puedes ver más y mejor. Eso te trae más respuestas, pero el conocimiento solo se consigue con el corazón abierto y así humildemente seguirás avanzando cada vez más. No digas que ya sabes, pues dejarás de buscar y tú chispas se apagará. Planta la duda de que todo puede ser y esa incertidumbre te ayudará a florecer. Seguirás observando tu alma en movimiento. No creas que hay una respuesta para cada pregunta, hay infinitas. Quédate con la que te hace sentir paz en ese momento. Como una niña con inocencia de no saber.

ÁRBOL

Heredé un volcán que está a punto de erupcionar

Siento la presión heredada de mi abuela materna, ella trabajaba con enfermos y tenía 9 hijos. Se sentía presionada por el bienestar de todos.

Voy liberando y sanando mi memoria, purificando mi útero.

Conexión y toma de conciencia. Cuantas mujeres! Cuantos Hombres! Cuantas personas se tuvieron que unir para que yo exista hoy. Reconozco mis raíces, las valoro, las honro, les agradezco por mi vida; sea lo que sea que hayan hecho, sé que hicieron todo lo que podían hacer, con lo que tenían a disposición.

Vamos evolucionando y creciendo. En nuestras células están sus acciones archivadas.

Hay residuos de emociones heredadas que quedan atrapadas en nuestro cuerpo. Cuando las escuchamos y reconocemos se liberan en armonía, como pájaros en el cielo. Es la magia de la toma de conciencia.

Gracias madre, padre, abuelos, bisabuelos. Gracias por ser parte de esto tan grande. Gracias por ser las raíces y el tronco que me sostienen en este árbol de la vida. La manifestación de amor más grande se completa sin miedo.

Soy parte de esto sin importar lo que sucedió. Lo que sucede lo elegí para mi crecimiento. Estoy recordando.

Y una voz en el silencio sanador me susurra: es tu oportunidad de hacerlo mejor.

Si no aprendemos de nuestros errores terminamos atrapados en un futuro que jamás elegimos. Somos adultos, no podemos huir, debemos observar nuestros errores.

Podemos elegir actuar. Tomar conciencia para ser mejores. Necesitamos valor y humildad para contemplar y cambiar. Construyendo nuestra manera de ser a cada paso cómo debemos, sin abatirnos por la culpa, ni las situaciones por más desagradables que parezcan y por más grande que sea nuestro error. Puede evitarse si aprendemos a escuchar la intuición.

Respira, si no puedes sanar cosas con personas de tu pasado, sánalo en tu corazón y busca no cometer los mismos errores con las personas en tu presente. Que todo lo que hayas dejado atrás valga la pena y sea suficiente para que elijas ser la persona que precisas ser.

Utiliza los recursos que obtuviste en tus relaciones y la humildad que te regalaron esas pérdidas. Perdónate, suelta los miedos y hazlo mejor esta vez.

NECESIDADES

Aprovecha tu oportunidad, valora lo que tienes, de todas formas puedes aprender.

Tener un propósito es lo que nos permite seguir adelante. Nos preparamos para ello purificando nuestro campo mental de todos aquellos pensamientos limitantes que nos alejan de los objetivos. Transmutar esas emociones que nos impiden conseguirlo es importante. Defender lo que cada uno quiere. Negociar para que todas las partes involucradas ganen. Expresar y conversar para ser escuchados. Sobre todo para escuchar y saber en qué podemos sumar. Sin poner la vista en los errores de la otra persona.

Caminar juntos viendo el objetivo. Eso une nuestros motivos. Cada quién satisface sus necesidades usando sus recursos, cooperando cómo lo hace la naturaleza y desechando lo que no nos sirve para nutrirnos. Sin mirar las diferencia y enfocándonos en lo compartido.

Ansiedad e impulso de destrucción por hambre o por sed. Nuestro instinto de supervivencia se activa. Pelear o huir.

Mundo dividido. Por un lado observo bajos recursos y condiciones inaceptables en donde la muerte se ve en todos lados. Por otro lado un mundo ideal, gente "feliz" que puede vivir pensando en otras cosas más allá y proyectar sueños por cumplir trabajando internamente por la paz. Buscando aumentar su bienestar.

Podemos avanzar cuando satisfacemos nuestras necesidades básicas, con hambre no se puede estar en paz.

¿Cómo podemos juzgar? No sabemos lo que le pasa al otro. Lo que "tienes" no basta para encontrar la felicidad.

Valorar lo simple y hacer lo correcto es lo que nos acerca a la paz.

Los dos mundos habitan en ti, por momentos se enciende tu instinto y por otros puedes reflexionar. Apóyate en los momentos que veas con claridad y acepta tus impulsos buscando la integración.

Vivir o morir en sociedad. Cooperar.

Lo que puedas lograr en tu interior es lo que proyectas. Mira atentamente que lo de afuera te muestra cómo estás interiormente.

RESPONSABLE

Tú eres un tesoro sin abrir, contempla tu fortaleza, escucha tus sueños y cumple tu misión.

Él sana tus heridas y te cuida. Toca tu frente y toma tu mano. Sientes una presión en el pecho, me cuentas que se va yendo de a poco porque él está ahí. Él pone la mano en tu cabeza y dice que ya está. De a poco liberas el miedo de tu corazón y te abraza muy fuerte. Tu Maestro te dice aquí estoy, siempre estuve aquí.

Presta atención si en tu vida hay personas que por amor y por protegerte quieren dominarte, a veces inconscientemente, anulando tus capacidades.

Todo lo que quieras lo puedes conseguir. Vive cada etapa a su momento, no vale la pena acelerar el tiempo. Hazte responsable de ti y no de lo que hagan los demás. Toma decisiones y devuelve lo que no te pertenece. Si puedes, termina los pendientes. Si no puedes, déjalos ir, porque te quitan tu energía del presente y no es bueno para ti.

Cuando te sientes incapaz de hacer algo, en vez de solucionarlo te ahogas en el problema. Si acumulas cosas sin cerrar eso bajará tu autoestima. No importa si todavía no sabes cómo hacerlo, siéntete capaz y las puertas se irán abriendo.

No dejes que tus sentimientos y pensamientos se apoderen de ti. Necesitas salir al mundo y confiar sobre todo en ti. Recuperar tu poder. Por cargar asuntos ajenos terminarás entregando tu vida a lo que no te corresponde.

Y recuerda que en el momento en que ya lo ERES dejas de decirlo.

Cuando decimos que somos humildes hay algo dentro de nosotros que no está de acuerdo. Conocemos nuestras imperfecciones, mostramos al mundo lo que queremos Ser. Es nuestro recordatorio de cómo nos estamos construyendo interiormente. No te engañes a ti mismo. No puedes hacerlo.

Cuando quieres demostrar que nunca te equivocas ya estás equivocado. Acumular información no es saber.

Creer no es Ser, lo serás a tu momento y ya no tendrás que demostrarlo, ni decirlo, ya no habrá esfuerzos y la paz te inundará por completo. No tendrás motivos para engañar y te verás perfecto. Aun conociendo tu vacío, tu dolor y lo que no eres. Aun conociendo tus errores, no tendrás más miedo. En ese momento, justo en ese momento te podrás sumergir en el Todo integrando tus partes. Ya no habrá blanco ni negro. Todo será luz sin sombra y podrás sentirte completo.

SIN RESISTENCIAS

Estamos rodeados de gente maravillosa atrapada en la negatividad de sus mentes y en la mente social.

No seas una de ellas. Eres tan poderoso y tan importante que con tan solo una sonrisa puedes cambiar el día de alguien. Puedes ser esa luz que el mundo necesita.

Ese valor agregado que transforma. Ese detalle que enamora hasta a los desconocidos. Sin pretender agradar, solo siendo feliz. Muchos se enojaron contigo. Aún así sé feliz porque es la forma en la que eliges hacer lo que haces, es como lo logras, viendo los detalles del otro e ir encontrando esas personas que ya lo lograron y con la que te enojabas también. A la que no veía por estar ocupado, las que le dan magia a esta vida. Al fin las podrás ver, sentir y ser como ellas y a pesar del dolor sentirás paz porque lo vivirás sin resistencias.

Esos días en los que te sientes sensible, tan idiota, tan creativa, pinta.

Todos tenemos nuestros días, las mujeres reciben generalmente su momento lunar como algo desagradable.

- No sé qué hacer con lo que siento.

- Pinta

- Me siento gorda y fea

- Escribe, canta una canción, sobre todo crea.

La energía estancada en tu vientre quiere salir, es esa energía que ibas a usar para crear un ser humano y no fue. No fuiste madre. Angustia, aunque no quieras serlo, quisiste crear, ganas de llorar, memoria celular hablándote, gritándote, pidiendo construir algo nuevo con esa inmensidad.

Crear manualidades, cuéntale a tus células que a pesar de que no fuiste madre usas esa energía para hacer aportes devolviendo al lugar en donde pertenece, LA CREACIÓN.

Somos madres de proyectos, de mascotas, plantas y hasta de personas.

CICLOS

Siempre hay luz en la oscuridad

Te encontrarás al perderte porque si no te pierdes no saldrás a buscarte. Te buscarás en tus sombras y verás algo que nunca viste solo al marchitar. Sabrás que el agua y la luz son indispensables para la vida.

Ese será el momento en el que suelte tus hojas y las dejes volar con el viento esperando el invierno, el frío, la nieve y la lluvia. Verás al agua de muchas formas diferentes, temblaras y eso te hará sacudir lo que quede.

Deja que el frío se lo lleve.

Agradecerás esos pocos rayitos de sol cálidos que derretirán tu corazón. Sabrás porque estabas endurecido.

El frío quiere congelar y tú no lo dejas, te acercas al sol.

En el invierno el sol es más agradable y te amarras a él para volver a florecer.

Llega la primavera de prisa y con calma, comienzas a ver todo verde de nuevo y las flores a tu alrededor con otro perfume y más colores. Luego la noche llega y duermes. Luciérnagas te acompañan junto a la luna llena.

Aparece la mañana nuevamente. El sol cada vez es más fuerte, ya es demasiado extraño el frío y comienzas a soltar tus hojas y las dejas caer.

Ciclos.

No existen los finales, no hay nada que entender, todo se transforma una y otra vez...

AGRADECIMIENTOS

Quiero agradecer a Fernando por ser y formar parte importante de los procesos que expreso en este libro.

Gracias a mi Mamá y a mi Papá que junto a mis hermanos: Virginia, Nicolás y Estefanía me apoyan incondicionalmente.

Gracias Leysa por regalarme palabras que no conocía y mucha inspiración recolectada de nuestras charlas interminables.

Gracias a Pipi que me apoyó en el inicio de mi última revisión.

Gracias a todas las almas que se cruzaron en mi camino de vida.

Gracias a los que leen este libro.

Gracias a todos los que eligen compartir lo maravilloso y lo no tan maravilloso que vamos atravesando.

Una conexión infinita nos une a partir de ahora y ya no seremos los mismos.

Nos tomamos todos de la mano en un círculo y reconocemos que hay algo más. Ese todo que nos une y continuamos...

SOMOS ESTE LIBRO

INDICE

www.ingramcontent.com/pod-product-compliance
Lightning Source LLC
Chambersburg PA
CBHW020735160726
47993CB00006B/2463